ISBN: 978-1-954033-05-4

Written by Benjamin Paul Kantor

Published by KoineGreek.com Books
An imprint of

539 W. Commerce St. #494
Dallas, TX 75208
www.KoineGreek.com

KOINE GREEK

parable of the good samaritan

η παραβολη του καλου σαμαρειτου

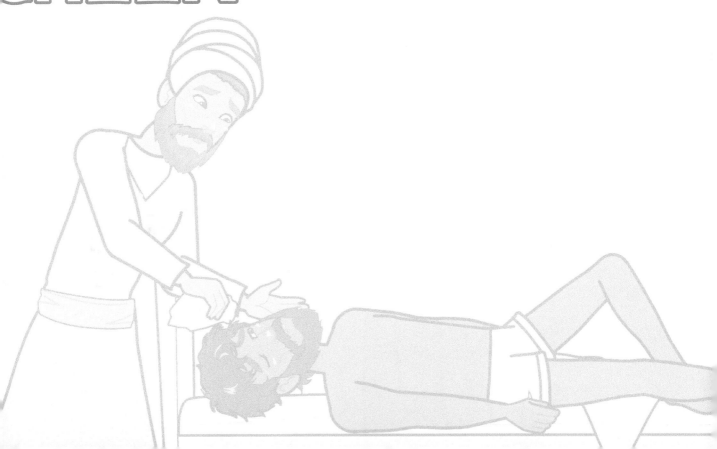

κατὰ συγκυρίαν δὲ ἱερεύς τις
κατέβαινεν τῇ ὁδῷ ἐκείνῃ

ὁμοίως δὲ καὶ λευείτης κατὰ τὸν τόπον ἐλθὼν

ἐπιβιβάσας δὲ αὐτὸν ἐπὶ τὸ ἴδιον κτῆνος
ἤγαγεν αὐτὸν εἰς πανδοχεῖον

καὶ ἐπεμελήθη αὐτοῦ

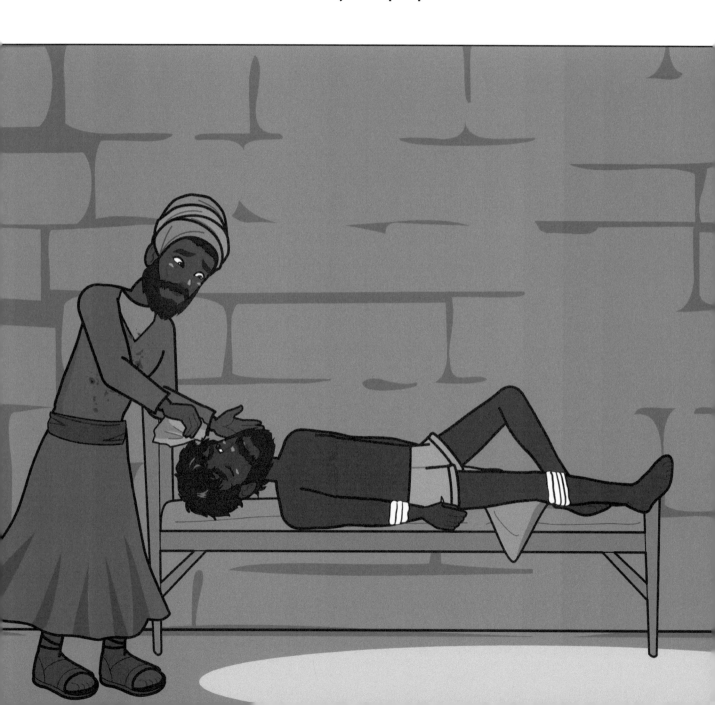

καὶ ἐπὶ τὴν αὔριον ἐκβαλὼν ἔδωκεν
δύο δηνάρια τῷ πανδοχεῖ καὶ εἶπεν

ἐπιμελήθητι αὐτοῦ καὶ
ὅτι ἐὰν προσδαπανήσῃς
ἐγὼ ἐν τῷ ἐπανέρχεσθαί
με ἀποδώσω σοι

Lightning Source UK Ltd.
Milton Keynes UK
UKHW051412160621
385584UK00003B/69